BELMA IBRISAGIC

Ich trug neues Leben und kämpfte um meins

Eine Schwangerschaft mit Hyperemisis

Copyright © 2025 von Belma Ibrisagic

Impressum

Verlag: BoD · Books on Demand GmbH,

Überseering 33, 22297 Hamburg, bod@bod.de

Druck: Libri Plureos GmbH,

Friedensallee 2 73, 22763 Hamburg

ISBN: 978-3-7693-5818-6

Vorwort

Dieses Buch ist eine Sammlung von Erlebnissen, Erkenntnissen und Lektionen – ein ehrlicher Einblick in mein Leben mit all seinen Höhen und Tiefen. Es ist eine Geschichte voller realer Momente, die mich geprägt haben. Besonders ein Abschnitt meines Lebens verdient Aufmerksamkeit: Meine Schwangerschaft mit *Hyperemesis gravidarum*. Ich hatte mich so sehr auf diese Zeit gefreut, doch nichts hätte mich auf das vorbereiten können, was kam. Die Freude wich schnell einer Realität, die ich mir nie hätte ausmalen können - geprägt von Übelkeit, Erschöpfung und dem ständigen Kampf, mich selbst nicht zu verlieren. Es war eine Zeit, die mich an meine Grenzen brachte, aber - auch stärker machte und vor allem sie hat mich näher zu Gott gebracht.

Mit diesem Buch möchte ich meine Geschichte erzählen und meine Erfahrungen mit euch teilen – ich möchte anderen Mut machen und euch ein wenig Kraft schenken. Besonders den Frauen, die sich in ähnlichen Situationen wiederfinden, möchte ich sagen: Ihr seid nicht **ALLEIN**. Eure Gefühle sind berechtigt, Und ihr seid **STÄRKER** als ihr glaubt. Dieses Buch ist für alle, die sich in den Stürmen des Lebens wiederfinden und nach Hoffnung suchen. Es ist für diejenigen, die wissen wollen, wie es sich anfühlt, wenn Freude und Verzweiflung Hand in Hand gehen. Und es ist für alle, die bereit sind, meine Geschichte zu lesen- vielleicht mit einem Lächeln, vielleicht mit Tränen, aber hoffentlich mit einem Gefühl, verstanden zu werden. Danke, dass du dieses Buch in die Hand genommen hast. "Lass und gemeinsam auf die Reise gehen".

1

Inhaltszverzeichnis

Vorwort – Wie meine Schwangerschaft alles auf den Kopf stellte

1. Wenn das Leben anders läuft als geplant
   -Über mich
   -Erwartungen vs. Realität
   -Wie sage ich es meinem Freund und meiner Familie?
   - Und jetzt? Was bedeutet das alles

2. Wer ich war, bevor alles anders wurde
   -Mein Leben vor der Schwangerschaft
   -Warum ich dieses Buch schreibe

3. Schwangerschaft: Vom Traum zum Ausnahmezustand
   -Die ersten Warnsignale
   -Wann ich merkte, dass ich ärztliche Hilfe brauche
   -Die Diagnose: Hyperemesis Gravidarum

- Hallo Krankenhaus mein neues "Zuhause"
-Der totale Zusammenbruch
-Wenn du denkst, es geht nicht schlimmer

4.Überleben mit Hyperemesis

-Reaktionen, die geholfen haben – und die, die einfach nur genervt haben
-Mentale Stärke in schweren Zeiten - und meine Gespräche mit Gott

5. Der Weg der Besserung

- Raus aus der Hölle
- Der erste Tag zu Hause – Und jetzt?
-Die nächsten Monate – Leben lernen nach dem Überleben
-Das erste Mal wieder Leben
- Wie sich der Alltag nach diesem Moment veränderte - Gab es Ängste oder wurde ab diesem Punkt alles leichter?

6. Das Licht am Ende des Tunnels

-Die Geburt und das Gefühl, es geschafft zu haben
-Was diese Zeit aus mir gemacht hat

6. Für alle, die Kämpfen

-Du bist nicht allein!
-Worte, die ich damals gebraucht hätte

7. Für alle die Kämpfen - Du bist nicht allein

-Für dich!
-Worte die ich damals gebraucht hätte
- Und bis dahin? HALTE DURCH

8. Und jetzt?

- Was ich aus dieser Zeit mitgenommen habe

-Meine Zukunft – Was kommt jetzt?

- Meine Träume und Ziele – für mich und mein Kind

2

Kapitel 1

Wenn das Leben anders läuft als geplant

Über mich

Hey! Ich bin Belma, und bin 27 Jahre jung, aktuell rocke ich das Leben als Vollzeit – Mama in Elternzeit und meistere den täglichen Wahnsinn als alleinerziehende Mutter. Mein Alltag? Chaotisch, aber doch schön. Er besteht aus Windeln wechseln, auf Spielplätzen gehen und dem verzweifelten Versuch, meinen Kaffee heiß zu trinken. Da muss ich tatsächlich lachen … "Ich denke, einige, die das Buch gerade lesen, wissen was ich meine". Und ganz kurz an all meine Alleinerziehenden Mamis hier, Ihr seid so unfassbar **stark** und **großartig.**

Erwartungen vs. Realität

Jetzt gehen wir kurz mal in die Vergangenheit zurück. Und da hielt ich meinen positiven Schwangerschaftstest in der Hand. Meine Beziehung war noch frisch, und eine Schwangerschaft war nicht wirklich Teil unseres Plans. Ich denke, du kannst dir wohl vorstellen, wie es mir ging. Überglücklich, aber doch auch schockiert. Und auf einmal kam diese eine Stimme in meinem Kopf: Wie sage ich es meinem Freund? Wie wird er reagieren? Wie wird meine Familie drauf reagieren? Meine Hormone spielten verrückt, so viele Gedanken und dann war da noch meine Familie. Scheiße, die bringen mich um. Ja Leute, das dachte ich wirklich in diesem Moment, Aber egal, was kommt da muss ich durch. Nur das hatte ich in meinem Kopf. Die schönen Momente in meinem Kopf, wie ich mit meinem Babybauch durch die Stadt laufe und Eis esse, oder Babyklamotten kaufen gehe machten mich für einen Moment überglücklich und machte mir Mut. Naja, die Realität holte mich schnell ein und es sah alles anders aus:

Erwartung: Ich genieße meine Schwangerschaft mit einem Lächeln und beobachte, wie mein Bauch wächst und wächst.

Realität: Ich kämpfe mit ständiger Übelkeit und Erschöpfung, die mich an meine Grenzen bringen.

Erwartung: Ich bereite mich voller Vorfreude auf die Geburt meines Babys vor.

Realität: Ich verbringe mehr Zeit im Krankenhaus als zu Hause und frage mich, wie ich den Tag überstehen soll

Dieser Unterschied zwischen meiner Erwartung und der Realität war hart. Doch ich habe gelernt, dass das Leben nicht immer nach Plan läuft und dass es okay ist, nicht immer die Kontrolle zu haben.

Wie sage ich es meinem Freund?

Ich habe es nicht groß geplant, sondern einfach rausgehauen. Seine Reaktion? Keine große Freude, aber auch kein totaler Schock. Er war still. Dann kam nur: Okay…" Ähm okay? Was genau heißt dieses Okay? "Ein, Ich freue mich"? "Ein, Oh fuck, was machen wir jetzt"? Oder einfach nur ein Notfall-Fluchtgedanke? Ich konnte es nicht einschätze, und das machte mich wahnsinnig.

Das Gespräch verlief nicht so, wie ich es mir vorgestellt hatte, nun das war mir schon irgendwo klar nur wollte ich es nicht wahrhaben. Und dann kam diese Unsicherheit, ob wir das gemeinsam hinbekommen.

Wie sage ich es meiner Familie?

Und dann kam der nächste Endgegner: meine Familie. Ich wusste nicht, was mich mehr nervös machte – die Reaktion meines Freundes oder die meiner Familie. Würden sie sich freuen? Geschockt sein? Oder so viel Fragen, stellen, dass mir die Lust an dem Gespräch vergeht? Aber es führte kein Weg daran vorbei. Also heißt es für mich tief durchatmen, Augen zu und durch. Und ich ließ die Bombe platzen, Zack boom, mit Tränen in den Augen: "Ich bin schwanger."

Es war alles still. Und wie ich es erwartet hatte, wurden die Stimmen lauter und es kamen die ganzen Fragen: *"Bist du sicher?"*, *"Was sagt dein Freund dazu?"*, *"Hast du dir das gut überlegt?"* Jo. War ich sicher? JA. War das geplant? NEIN. Aber jetzt mal im Ernst, das Leben kann nicht immer nach plan laufen! War ich mir bewusst, was das bedeutet? Keine Ahnung – aber ich wusste, dass ich das packen würde. Ich merkte, dass sie zwischen Schock und vorsichtiger Freude schwankten. Klar, sie machten sich Sorgen. Aber das Letzte, was ich jetzt brauche, ist diese Verzweiflung – ich brauchte Support. Ich spürte, dass sie langsam realisierten: ***Das hier ist mein Weg, und ich werde ihn gehen – mit oder ohne 100% Unterstützung.***

Und jetzt? Was bedeutet das alles?

Nachdem ich es meinem Freund und meiner Familie gesagt hatte, fühlte ich mich irgendwie... leer. Nicht weil ich es bereute, sondern weil ich wusste, okay, das hier ist jetzt alles real. Es war raus. Ich konnte es nicht mehr rückgängig machen. Und jetzt musste ich damit umgehen – mit den Reaktionen, mit meinen eigenen Gefühlen und mit der Tatsache, dass mein Leben sich ab sofort verändern würde.

Die Beziehung zu meinem Freund? Was soll ich euch sagen schwierig. Er war nicht weg, aber er war auch nicht wirklich da. Ich habe gemerkt, dass er Zeit brauchte, um das Ganze zu verstehen – aber ich hatte keine Zeit zu warten, bis er sich sicher war, ob er das mit mir durchzieht oder nicht. Ich war bereits mittendrin. Naja, und meine Familie? Gespalten. Ich habe gemerkt, dass sie mich lieben und mich unterstützen wollen, aber dass sie sich auch Sorgen machten. Verständlich! Es war ja nicht so, dass ich in einer perfekten Situation war- frische Beziehung, ungeplante Schwangerschaft, Leute, ich sag euch ehrlich, keine Ahnung was auf mich zukommt.

Aber es gab immer diese Momente, in denen mir klar wurde:

Egal wer was sagt, ich mache es. ICH ziehe das durch.

Nicht, weil es die perfekte Situation war, sondern weil ich wusste, dass dieses Wunder jetzt Teil meines Lebens ist. Ich wusste, dass ich stärker bin, als ich mir selbst zugetraut hatte. Und weil ich wusste, dass ich nicht drauf warten kann, dass andere mir die Sicherheit geben – die musste ich mir selbst holen. Natürlich hatte ich Angst. Ich wusste nicht, wie es weitergeht. Aber ich wusste, dass ich weitermache. Schritt für Schritt, Tag für Tag. Und genau da beginnt meine eigentliche Geschichte.

3

Kapitel 2

Wer ich war, bevor alles anders wurde

Bevor ich weitererzähle, wie alles weiter ging, möchte ich dir einen kurzer Einblick in mein Leben geben. Was soll ich sagen, ich hatte meine Routinen. Ich war mitten in meiner Party Phase und eine frische Beziehung ohne große Zukunftspläne. Ich habe mein Leben im Hier und Jetzt genossen. Klar wollte ich schon immer Kinder haben nur, nicht jetzt.

Warum ich dieses Buch schreibe

Wenn mir jemand vor meiner Schwangerschaft gesagt hätte, was mich erwartet, hätte ich wahrscheinlich nur gelacht. Klar, ich wusste, dass Schwangerschaft nicht nur aus Babybauch-Streicheln und Glow besteht, aber das, was dann kam, hätte ich mir nie vorstellen können. Ich schreibe dieses Buch, weil ich genauso ein Buch gebraucht hätte. Ein Buch, das ehrlich ist. Ein Buch, das nicht nur erzählt, wie schön Schwangerschaft sein kann, sondern auch, wie verdammt hart sie manchmal ist.

Denn ganz ehrlich: Ich habe mich oft allein gefühlt. Niemand hatte eine Ahnung, wie es mir wirklich ging. Klar es gab Sprüche wie *"Ach, das ist doch nur Schwangerschaftsübelkeit"* oder *"Das geht vorbei halt durch"*, aber Hyperemesis gravidarum ist nicht nur ein bisschen Übelkeit. Es ist der tägliche Kampf, sich selbst nicht zu verlieren, während der eigene Körper völlig aus dem Gleichgewicht gerät. Ich schreibe dieses Buch für die Frauen, die gerade mitten in diesem Chaos stecken. Die vielleicht genauso verzweifelt sind wie ich es war. Die nicht wissen, wie sie den nächsten Tag überstehen sollen, und die sich fragen, ob das jemals aufhört.

Aber auch für die, die einfach verstehen wollen, was es bedeutet, eine Schwangerschaft zu durchleben, die einen an seine Grenzen bringt. Für Freunde, Partner, Familienmitglieder - für all diejenigen, die helfen wollen, aber nicht wissen, wie. Ich will ehrlich sein. Ich will erzählen, was wirklich passiert ist ohne Filter. Ohne Schönreden. Denn wenn ich eines gelernt habe,

dann das: ***Schwangerschaft ist nicht für jede Frau das perfekte, strahlende Erlebnis – und das ist okay.*** Dieses Buch soll dir zeigen: ***Du bist nicht allein. Und du bist stärker, als du glaubst.***

4

Kapitel 3

Schwangerschaft: Vom Traum zum Ausnahmezustand

Die ersten Warnsignale

Am Anfang dachte ich, alles läuft ganz normal. Klar, ich war müde, mein Körper fühlte sich komisch an, aber das gehört doch dazu, oder? *Schwanger* sein macht halt müde, habe ich mir gesagt. Dann kam die Übelkeit. Erst nur morgens, dann mittags, dann einfach **nonstop**. Ich redete mir ein, dass das normal sei - schließlich haben doch fast alle Schwangeren mit Übelkeit zu kämpfen. Also dachte ich mir Augen zu und durch. Aber es wurde nicht besser, im Gegenteil. Es wurde immer **schlimmer**. Ich konnte kaum noch essen, jeder Geruch machte mich fertig, und irgendwann war mir nicht mehr nur übel - ich konnte einfach nichts mehr bei mir behalten. Selbst Wasser trinken wurde zur Herausforderung. Ich sag es euch Leute die Toilettenschüssel war mein bester Freund!

Spätestens da wusste ich: *"Okay, das hier ist nicht die übliche*

Morgenübelkeit". Hier läuft was richtig schief.

Wann ich merkte, dass ich ärztliche Hilfe brauche

Mir wurde klar: Das hier ist nicht mehr normal. Ich konnte kaum noch essen, Wasser trinken war eine Qual, und mein Körper fühlte sich immer schwächer und schwächer an. Ich war nur noch müde, ausgelaugt und hatte das Gefühl, dass mir die Energie für alles fehlte.

Dann kam der Punkt, an dem ich wirklich Angst bekam: **Ich stand auf – und mir wurde schwarz vor Augen.** Mein Körper fühlte sich an, als hätte er einfach nichts mehr zum Funktionieren übrig. Keine Kraft, keine Reserven. Da wusste ich: *Ich kann das nicht mehr allein packen.*

Also bin ich zu meinem Frauenarzt gegangen. Ich dachte, ich bekomme da ein paar Tipps, was gegen die Übelkeit hilft, oder ein Mittel, das alles erträglicher mach. Stattdessen schaute mich mein Frauenarzt besorgt an, stellte mir ein paar Fragen – und meinte dann ziemlich schnell: *"Das ist nicht mehr einfach nur Übelkeit. Sie müssen ins Krankenhaus".* **Die Diagnose: Hyperemesis Gravidarum.**

Hyperemesis… was? Ich hatte das Wort vorher noch nie gehört. Ich wusste nicht mal, dass es so etwas gibt. Im Krankenhaus hängte man mich sofort an die Infusion, weil ich komplett dehydriert war. Ich hatte in wenigen Tagen so viel Gewicht verloren, und wenn ich euch sage, viel dann meine ich das auch so. Ich kann mich noch ganz genau erinnern, wie ich auf die Waage ging und da stand **27 Kilo**! Ich wusste: Mein Körper war am Limit.

Dann erklärte man mir, was Hyperemesis Gravidarum ist: **Eine extreme Form der Schwangerschaftsübelkeit.** *Nicht nur dieses mir ist mal ab und zu übel, sondern das volle Programm. Dauerhafte Übelkeit, Erbrechen, völlige Erschöpfung, Gewichtsverlust. "Eine Krankheit, die nicht einfach mit Tee" besser wird, sondern die den Körper komplett auseinandernehmen kann.* Mir wurde bewusst, dass meine Schwangerschaft ab jetzt ganz anders verlaufen würde, als ich es mir vorgestellt hatte.

Hallo Krankenhaus, mein neues Zuhause

Ich dachte, ich gehe für ein paar Stunden ins Krankenhaus bekomme eine Infusion und kann dann wieder nach Hause. Tja... falsch gedacht. Stattdessen bekam ich schnell gesagt: *"Sie bleiben erst mal hier"*. Na klar, bleibe ich hallo, du wiegst auch nur noch 27 Kilo Belma! Ich finde mich damit ab. Erst einen Tag. Dann zwei. Dann eine Woche. Irgendwann hörte ich auf zu zählen. Das Krankenhaus wurde mein neues Zuhause. *"Infusionen wurden meine neue Mahlzeit"*, und das Piepen der Geräte war der neue Soundtrack meiner Schwangerschaft. Ich war nicht mehr *"**nur Schwanger**" - **ich war Patientin**.*

Ich lag da Tag für Tag, fühlte mich hilflos und fragte mich: *Wie lange geht das noch so weiter?* Würde ich mich jemals besser fühlen? Würde ich überhaupt eine normale Schwangerschaft haben können? Mein Kopf war voll mit Fragen, aber mein Körper hatte nicht mal genug Kraft, um über irgendetwas nachzudenken. Also lag ich da, ließ die Zeit vorbeiziehen betete zu Gott und hoffte, dass es irgendwann besser wird.

Der totale Zusammenbruch

Ich dachte, ich hätte das Schlimmste überstanden. Dass mein Körper sich irgendwann an diesen Zustand gewöhnt und ich einfach "**nur noch**" durchhalten muss. Aber dann kam der Moment, in dem gar nichts mehr ging. Ich lag im Krankenhausbett, an Schläuche angeschlossen, unfähig, mein eigenes Leben zu steuern – und gleichzeitig zerbrach meine Beziehung. Ich hatte keine Kraft, mich zu wehren, keine Energie für Diskussionen. Ich konnte es nicht ändern. Ich konnte nur daliegen und es hinnehmen.

Ich erinnere mich an diesen einen Moment, in dem ich einfach nur noch geweint habe. Nicht laut, nicht verzweifelt schreiend - dafür hatte ich keine Kraft. Aber die Tränen liefen einfach, weil ich das Gefühl hatte, dass ich nicht mehr kann. Das mein Körper mich im Stich gelassen hat. Dass der Mensch, der eigentlich an meiner Seite stehen sollte, gegangen war. Dass ich hier liege, während draußen das Leben weitergeht, und ich nicht mal weiß, wie ich den nächsten Tag überstehen soll, oder ob ich überhaupt überstehen werde.

Ich wollte einfach nur aufgeben. **Schluss, es reicht. Ich kann nicht mehr!** Ich erinnere mich an Gedanken wie: *Warum passiert das ausgerechnet mir?* Oder *wieso kann ich nicht einfach eine normale Schwangerschaft haben?* Ich hatte mich so auf dieses Baby gefreut – und jetzt fühlte ich mich, als würde mein eigener Körper mich bestrafen. Ich wollte raus aus diesem Bett, Ich wollte mein altes Leben zurück. Ich wollte einfach nur mal einen Tag ohne Übelkeit erleben. Aber das war keine Option. Mein Körper zwang mich dazu, stillzuhalten, auszuhalten, durchzuhalten.

Ich wusste nicht, wann es besser werden würde. Ich wusste nicht, ob es überhaupt besser werden würde. Ich wusste nur: *Ich war an einem absoluten Tiefpunkt angekommen.*

Wenn du denkst, es geht nicht schlimmer...

Ich dachte, ich hätte meinen Tiefpunkt erreicht. Ich lag seit **zwei Monaten** im Krankenhaus. Zwei Monate voller Infusionen, Medikamente, Kraftlosigkeit. Zwei Monate, in dem mich mein Körper immer mehr und mehr im Stich ließ. Zwei Monate in dem mich mein Freund verlassen hat und ich plötzlich nicht nur um meine Gesundheit, sondern auch allein um meine Zukunft kämpfen musste. Aber mein Körper hatte andere Pläne. *Es ging noch schlimmer!*

Ich konnte nicht mehr essen, nichts mehr trinken, mein Körper nahm einfach nichts mehr an. Jedes Schlucken tat verdammt weh, jeder Versuch, etwas bei mir zu behalten, scheiterte. Selbst Wasser wurde zu meinem Feind. Ich war zu schwach aufzustehen, viel zu erschöpft, um zu sprechen. Wisst ihr wie viel verpasste anrufe ich manchmal hatte, ich war einfach zu schwach dieses Handy zu halten, geschweige denn zu sprechen. Ich lag nur da, mein Körper ausgelaugt, mein Geist leer. Dann sagten die Ärzte diese Worte, die mir endgültig den Boden unter den Füßen wegzogen: *"Wir müssen einen zentralen Venenkatheter legen."* Ich wusste nicht, ob ich Angst haben sollte oder ob es mir einfach nur noch egal war. Ich hatte sowieso keine Kontrolle mehr über meinen Körper. Also nickte ich – als hätte ich noch irgendeine Wahl.

Und dann lag ich da. Mit einem Schlauch in meinem Hals. **Direkt**

in meiner Vene. Ich kann gar nicht beschreiben, wie sich das anfühlte. Nicht nur körperlich - obwohl das schon schlimm war. Dieses Fremdkörpergefühl, dieses Wissen, dass dein eigener Körper so schwach ist, dass er nicht mal mehr Nährstoffe aufnehmen kann. Aber mental? *Noch schlimmer.*

Ich war nicht mehr ich selbst. Ich fühlte mich nicht mehr wie eine Frau, nicht mehr wie eine werdende Mama, nicht mehr wie ein Mensch. Ich war nur noch eine Patientin, an Schläuchen angeschlossen, ein Körper, der einfach nicht mehr konnte. Ich lag da und fragte mich: **Wie lange noch? Wie lange kann mein Körper das noch aushalten? Wie lange kann ich das noch aushalten?**

Ich dachte an mein Baby. Ich dachte daran, dass es mich braucht. Aber in diesem Moment wusste ich nicht, ob ich die Kraft habe, weiterzukämpfen. Ich fühlte mich so allein, und so hilflos, so gefangen in meinem eigenen Körper. Ich habe mich gefragt, ob es überhaupt noch einen Ausweg gibt. Ob ich jemals wieder normal sein werde. Ob mein Baby es schaffen wird. Ob ich es schaffen werde.

Ich wollte nicht mehr. Ich konnte nicht mehr. **Zwei Monate Krankenhaus – und kein Ende in Sicht.** Aber ich habe keine andere Wahl. Also lag ich da – und betete, dass irgendwann irgendwas besser wird.

5

Kapitel 4

Überleben mit Hyperemesis

Reaktionen, die geholfen haben – und die, die einfach nur genervt haben

Wenn du monatelang im Krankenhaus liegst, bekommst du so ziemlich jede Art von Reaktionen mit. Manche Leute reißen sich zusammen und sind für dich da – andere beweisen, dass sie absolut keinen Plan haben, was du gerade durchmachst.

Was mir WIRKLICH geholfen hat. Leute, die einfach nur da waren!

Kein großes Drama, Keine übertriebenen Worte – sondern einfach ein "Hey, ich bin da, wenn du mich brauchst". Manchmal hat schon eine kurze Nachricht gereicht, um mir das Gefühl zu geben, dass ich nicht vergessen werde.

Ehrliche Worte statt dummer Aussagen

"Boa, das ist echt scheiße." - Dieser Satz hat mir mehr geholfen als alles andere. Menschen, die nicht versucht haben, meine Situation schönzureden, sondern sie einfach genauso beschissen fanden wie ich, haben mir das Gefühl gegeben, dass ich nicht übertreibe.

Kleine Gesten, die echt was gebracht haben

Blumen, Mandalas, Stifte, Bücher zum Lesen einfach irgendwas, das meinen Krankenhausalltag bisschen erträglicher gemacht hat – Leute, die mir sowas gebracht haben, haben mir mehr geholfen als jede "Bleib Stark" - Nachricht.

Was ÜBERHAUPT NICHT geholfen hat (und mich teilweise richtig wütend gemacht hat) *Anderen geht's auch schlecht."*

Ja cool. Und jetzt? Soll ich mich besser fühlen, weil irgendwo auf der Welt auch andere Leute leiden? Das ist so ein unnötiger Spruch, der einfach null hilft.

Das ist doch nur Schwangerschaftsübelkeit."

Stell dir vor, du hast tagelang nichts gegessen, dein Körper ist am Ende, du kannst nicht mal Wasser trinken – und dann kommt jemand und vergleicht das mit ein bisschen flau im Magen sein. Ich hätte jedes Mal schreien können. ***Hast du schon mal Ingwertee probiert?"*** Ja, genau. Ich liege hier mit einem Schlauch im Hals, bekomme Flüssigkeit nur noch über den Tropf – aber klar, dein Zauberingwer wird's bestimmt retten.

Menschen, die einfach nichts gesagt haben

Das war fast das Schlimmste. Leute, die sich einfach nicht mehr gemeldet haben, obwohl sie genau wussten, wie es mir geht. Vielleicht, weil sie nicht wussten, was sie sagen sollten. Aber für mich fühlte es sich an wie: *Ich bin ihnen nicht wichtig genug, um durch die schwere Zeit begleitet zu werden.*

Was ich draus gelernt habe

Es gibt Menschen, die dich wirklich supporten – und es gibt Menschen, die einfach nur dann da sind, wenn alles easy ist. Diese Zeit hat mir gnadenlos gezeigt, wer in meinem Leben wirklich einen Platz verdient hat. Ich habe gelernt, dass man nicht viel sagen oder tun muss, um jemandem das Gefühl zu geben, dass er nicht allein ist. Aber ich habe auch gelernt, dass falsche Worte oder das komplette Schweigen von manchen Menschen mehr wehtun können als die Krankheit selbst.

Mentale Stärke in schweren Zeiten – und meine Gespräche mit Gott

Ich sag's, wie es ist: Mentale Stärke klingt schön, aber wenn du am absoluten Tiefpunkt bist, interessiert dich das erstmal null. Ich hatte keinen "Stay strong" - Mindset, keine Motivation, keine tiefgründigen Erkenntnisse über das Leben. Ich wollte einfach nur, dass es endlich vorbei ist. Aber da war etwas, das mich immer wieder zurückgeholt hat. Etwas, das mich durch die schlimmsten Nächte getragen hat, wenn ich das Gefühl hatte, ich kann nicht mehr.

Meine Gespräche mit Gott.

Ich lag oft einfach da, zu schwach, um zu weinen, zu erschöpft, um zu sprechen – aber in Gedanken habe ich geredet. Ich habe gefragt:

"Warum passiert das ausgerechnet mir?"
"Warum fühlt es sich an, als würde mein Körper mich im Stich lassen?"
"Wieso muss ich das so durchleiden?"

Es gab keine laute Stimme, die mir eine Antwort gegeben hat. Kein Wunder, das über Nacht alles verändert hat. Aber in diesen Momenten, in denen ich dachte, dass ich allein bin, habe ich gespürt: **Ich bin es nicht.**

Es war kein "alles wird sofort besser" - Gefühl. Aber es war dieses tiefe Wissen, dass ich nicht durch die Hölle gehe, ohne dass es einen Sinn hat. Dass mich jemand hält, auch wenn ich selbst keine Kraft mehr habe.

1. Akzeptieren, dass es okay ist, NICHT okay zu sein

Ich habe lange gegen mich selbst gekämpft. Ich habe mir eingeredet, dass ich stärker sein muss, dass ich mich zusammenreißen sollte. Aber irgendwann habe ich realisiert: ***Es ist völlig okay, kaputt zu sein. Es ist okay, sich scheiße zu fühlen.*** Und es war okay, Gott genau das zu sagen. Ihm zu sagen, dass ich mich verlassen fühle. Dass ich nicht verstehe, warum das passiert. Dass ich Angst habe.

2. Die Tage einfach nur überleben

Klingt nicht besonders inspirierend, aber ganz ehrlich? Mein größtes Ziel war einfach, den nächsten Tag zu überstehen. Nicht an Wochen oder Monaten zu denken, nicht darüber nachdenken, wann es endlich besser wird – sondern einfach *Schritt für Schritt durch den Tag kommen.* Manchmal war das Einzige, was ich geschafft habe, aufzuwachen, ein paar Schlucke Wasser zu trinken und wieder einzuschlafen. Aber das war genug. Jeder überstandene Tag war ein kleiner Sieg. Und jedes Mal, wenn ich dachte, dass ich es nicht mehr schaffe, habe ich in Gedanken gebetet: "Bitte helf mir einfach durch diesen einen Tag."

3. Mein Baby – der einzige Grund, warum ich nicht aufgegeben habe

Ich hätte mich vielleicht selbst aufgegeben. Aber da war dieses kleine Wunder in mir, das auf mich angewiesen war. Das nichts dafür konnte, dass mein Körper gerade komplett versagte. Ich wusste, dass es mich braucht. Und wenn ich es nicht für mich tun konnte, dann für das Baby. Und ich hatte das Gefühl, dass Gott mir genau das immer wieder gezeigt hat. Dass ich nicht allein kämpfe. Dass ich nicht umsonst leide. Dass ich stärker bin, als ich denke.

Was ich draus gelernt habe

Mentale Stärke bedeutet nicht, immer positiv zu bleiben oder nie zusammenzubrechen. *Mentale Stärke bedeutet, jeden Tag aufs Neue aufzustehen, auch wenn man keine Kraft mehr hat.*

Und manchmal bedeutet sie auch, einfach loszulassen. Dinge in Gottes Hände zu geben., weil man selbst nicht mehr kann. Ich

habe gelernt, dass ich nicht perfekt sein muss, um weiterzuma-
chen. Ich muss nicht immer glauben, dass alles gut wird – ich
muss nur daran glauben, dass ich nicht allein bin. Und genau
das hat mich durch diese Zeit getragen.

6

Kapitel 5

Der Weg der Besserung

Raus aus der Hölle

Ganz ehrlich? Ich hätte es nie geglaubt, aber irgendwann wurde es tatsächlich besser. Langsam, in Minischritten – aber hey, es passierte. Es gab keinen krassen "Wow, jetzt ist alles wieder gut!" Moment. Kein magisches Erwachen, in dem ich plötzlich topfit war. Es war eher so ein **mühsames Hochkämpfen aus dem absoluten Tiefpunkt.** Erst konnte ich Flüssigkeit in mir behalten. Dann mal eine kleine Mahlzeit. Es war nichts Großes, aber nach Monaten des völligen Ausnahmezustands fühlte sich jede Kleinigkeit wie ein Sieg an. Mein Körper hatte nicht aufgegeben – auch wenn ich das manchmal fast getan hätte. Und dann, nach **sechs Wochen mit diesem verdammten Halskatheter**, kam endlich der Moment: **Das Ding kam raus.**

Ich kann nicht mal beschreiben, was das für mich bedeutete. Dieser Schlauch war mein täglicher Reminder gewesen, wie kaputt mein Körper war. Und jetzt? Endlich weg. Ich fühlte mich, als hätte ich ein Stück von mir selbst zurückbekommen. Aber das Beste kam noch: **Ich durfte nach Hause!**

Nach *vier Monaten Krankenhaus. Vier Monate voller Hölle. Vier Monate, in denen ich manchmal nicht mal wusste, ob ich das überlebe.* Plötzlich saß ich im Auto – nicht auf dem Weg zur nächsten Untersuchung, nicht zur nächsten Infusion, sondern einfach *nach Hause.* Und es fühlte sich... nicht Real an. Ich war draußen. Kein ständiges piepen der Maschinen mehr. Keine Schläuche, keine Krankenhausluft, kein Gefühl mehr, nur noch eine Patientin zu sein. Ich war noch lange nicht die Alte. Mein Körper war schwach, mein Kopf völlig erschöpft. Aber ich war draußen. Ich konnte in meinem eigenen Bett schlafen. Und zum ersten Mal seit Monaten hatte ich das Gefühl, dass ich nicht nur überlebe - sondern langsam zurück ins Leben komme.

Der erste Tag zu Hause – Und jetzt?

Nach vier Monaten Krankenhaus saß ich plötzlich in meinem eigenen Bett. Keine Infusionen, keine Maschinen, keine Ärzte, die alle paar Stunden ins Zimmer kamen. Einfach nur ich. Zu Hause. Und weißt du was? Es war *komisch.* Ich hatte mir dieses Moment so oft vorgestellt. Ich dachte, ich würde aufspringen, vor Freude weinen, vielleicht direkt irgendwas Leckeres essen, dass ich so lang nicht konnte. Aber die Realität? *Ich war einfach überfordert.*

Mein Körper war schwach, mein Kreislauf machte mir sofort klar: "Mach mal schön langsam." Selbst der Weg vom Bett zur Küche fühlte sich an wie ein Marathon. Ich war lange ans

Krankenhausleben gewöhnt, dass es mir "normal" vorkam, im Bett zu liegen und über eine Infusion versorgt zu werden. Jetzt stand ich vor dem Kühlschrank - und hatte keine Ahnung, was ich eigentlich essen sollte. Ich war erleichtert, endlich raus zu sein. Aber gleichzeitig hatte ich Angst. ***Was, wenn es wieder schlimmer wird? Was, wenn ich direkt wieder ins Krankenhaus muss?*** Mein Körper war draußen, aber mein Kopf war irgendwie noch dort. Ich hatte mich so lange ans Überleben geklammert, dass ich gar nicht mehr wusste, wie es sich anfühlt, ***wirklich zu LEBEN.***

Also habe ich an diesem ersten Tag nicht viel gemacht. Ich lag nur da, in meinem eigenen Bett, atmete tief durch und ließ alles auf mich wirken. Ich war nicht sofort wieder "die Alte". Aber ich war ***zuhause.*** Und das war der erste Schritt zurück ins Leben.

Die nächsten Monate – Leben lernen nach dem Überleben

Mein Körper war immer noch etwas schwach, mein Kreislauf instabil, musste mich ab und zu trotzdem noch übergeben, aber lange nicht so wie es anfangs der Schwangerschaft war. Ich musste mich langsam herantasten – an normales Essen, an Bewegung, an ein normales Leben. Die ersten Wochen waren vor allem von Angst geprägt.

Die ersten Wochen bestanden hauptsächlich aus:

In mich reinhören: Bin ich noch okay? Wird mir wieder schlecht?

Essen testen: Werde ich wieder kotzen, oder behalte ich es in mir?

Einfach nur verdammt vorsichtig sein.

Ich hatte so lange funktioniert, dass ich vergessen hatte, wie man lebt. Aber dann,

irgendwann kam er: *Der erste Moment echter Freude.*

Das erste Mal wieder LEBEN

Ich hatte so lange nur funktioniert. Überleben, durchhalten, weitermachen – ohne wirklich zu fühlen. Und dann kam dieser eine Moment, in dem ich es plötzlich gespürt habe: *echte, pure Freude.*

Mir ging es besser, ich musste mich nicht mehr übergeben. Ich ging regelmäßig zum Frauenarzt, schaute auf den Bildschirm und sah mein Baby. *Zappelnd, lebendig, stark.* Und an einem Tag sagte der Arzt diesen einen Satz, der mir das Herz aufgehen ließ: *"Dem Baby geht es wunderbar."* Ich hätte weinen können - vor Erleichterung, vor Glück, vor all den Emotionen, die ich so lang unterdrückt hatte. Und dann als wäre das nicht schon genug, kam ein weiter Magischer Moment: *Man konnte das Geschlecht erkennen.* Ich konnte es kaum glauben. Plötzlich wurde alles so real. Nach all dem dunklen Monaten, in denen ich mich so weit weg vom Leben gefühlt hatte, hatte ich jetzt diesen kleinen Menschen in mir, der sich prächtig entwickelte. *Mein Baby. Mein kleines Wunder.*

Und weil ich diesen Moment nicht nur für mich behalten wollte, musste eine *Gender Reveal – Party her!* Ich wollte diesen Moment mit meiner Familie und engen Freunden zusammen festhalten. Es war das erste Mal seit einer gefühlten Ewigkeit, dass ich mich wirklich, auf etwas freute. Der Tag war da der große Ballon wurde geplatzt und ich erfuhr, dass es ein Mädchen wird. ***Konfetti überall, Lachen, Umarmungen, Freudentränen.*** Und ich sag es euch ich war so glücklich, ich hatte mir immer ein Mädchen gewünscht. Leute – ***Ich war das erste Mal wieder so glücklich.***

Nach all der Angst, all den Zweifeln, all den dunklen Monaten fühlte es sich an, als hätte ich das Leben zurück und dieses Mal wollte ich es in vollen Zügen genießen.

Wie sich der Alltag nach diesem Moment veränderte.

Von diesem Tag an veränderte sich mein Alltag spürbar. Anstatt morgens mit einem komischen Gefühl aufzuwachen, startete ich ***jeden Tag mit neuer Hoffnung.*** Ich hatte einen Grund aufzustehen, und blicke endlich voller Vorfreude auf den Tag. Selbst die kleinen Dinge – ein Spaziergang an der frischen Luft, ein gutes Frühstück fühlte sich wieder gut an, weil ich sie ***bewusst*** erlebte und nicht mehr nur mechanisch abspulte.

Auch meine Familie und Freunde bemerkten die Veränderung. Ich lachte wieder mehr, erzählte offen von meinen Gefühlen, und bezog meine Liebsten in meine Schwangerschaft mit ein. Gemeinsam planten wir die nächste Zeit: Wir überlegten Namen, diskutierten über die Einrichtung des Kinderzimmers und tauschten Babygeschichten aus. Jeder Tag brachte neue kleine Freude mit sich, sei es die Tritte in meinem Bauch oder der Anblick der zusammengelegten Babyklamotten, die ich gewaschen und zusammengelegt hatte. Mein Alltag war nicht länger grau und schwer – er war erfüllt von ***Farben, Vorfreude und Leben.*** Natürlich gab es manchmal anstrengende Tage. Aber sogar an den schwierigen Tagen half mir der Gedanke an mein kleines Wunder, nicht aufzugeben. Die Erinnerung an diesen besonderen Ultraschall – Diese Momente wirkten wie ein Anker: Sie erinnerten mich dran, wofür ich kämpfte und wie viel Licht bereits in mein Leben zurückgekehrt war. So wurde aus dem bloßen Funktionieren Schritt für Schritt wieder ein wirkliches Leben. In dem auch **Glück und Lebendigkeit** ihren festen Platz hatten.

Gab es noch Ängste oder wurde ab diesem Punkt alles leichter?

Ich würde gerne sagen, dass nach der Gender– Reveal-Party alles leicht und unbeschwert wurde – aber so einfach war es nicht. Klar, die Freude war endlich wieder da. Ich hatte wieder Momente, in denen ich mich leichter gefühlt habe. Aber die Ängste? Die sind nicht einfach mit dem Konfetti verschwunden. Nach allem, was ich durchgemacht hatte, war mein Kopf immer noch im Überlebungsmodus. Ich war endlich aus dem Krankenhaus raus, mein Baby entwickelt sich gut, und trotzdem war da dieses kleine nagende Gefühl im Hinterkopf: "**Was, wenn doch noch was passiert?**" Gerade abends, wenn es still wurde, krochen manchmal alte Gedanken hoch. Ich fragte mich:

- *Wird bei der Geburt alles gut gehen?*
- *Bin ich bereit für das Mama-Sein?*
- *Was wenn mein Körper mich wieder im Stich lässt?*

Aber – und das war der große Unterschied zu den Monaten davor – *diese Ängste haben mich nicht mehr komplett überrollt.*

Statt mich in den Sorgen zu verlieren, habe ich gelernt, damit umzugehen. Ich habe mit meiner Familie und meinen Freunden darüber geredet, habe mir immer wieder ins Gedächtnis gerufen, **wie stark ich schon war.** Ich hatte so viel überlebt - wieso sollte ich jetzt daran zweifeln, dass ich das nicht schaffen kann?. Und es gab auch immer mehr Momente, in denen ich die Angst einfach verdrängen konnte. **Wenn mein Baby mich getreten hat, wusste ich: Es ist da. Es ist stark. Wir schaffen das.** Ich habe mich auf die schönen Dinge konzentriert

– den Nestbautrieb, die kleinen Vorbereitungen, das Packen der Kliniktasche. Wurde alles leichter? Ja, irgendwie schon. Die dunklen Gedanken kamen noch manchmal, aber sie wurden kleiner, unwichtiger. Ich habe mich **wieder auf das Leben gefreut – und nicht nur auf das Überleben fokussiert.**

7

Kapitel 6

Das Licht am Ende des Tunnels

Die Geburt & das Gefühl, es geschafft zu haben

Es gibt diesen Spruch: *"Am Ende des Tunnels ist immer Licht."* Tja, mein Tunnel war verdammt lang. Dunkel. Hart. Gefühlt endlos. Aber irgendwann war es da – **das Licht.** Je näher der Geburtstermin rückte, desto realer wurde alles. Ich hatte mich durch die schlimmste Zeit meines Lebens gekämpft, und jetzt an diesem Punkt zu stehen: **Mein Baby kommt!**

Die Geburt – Mein Kaiserschnitt, meine Geschichte

Ein Kaiserschnitt. Kein natürlicher Geburtsprozess, keine Wehen – Marathon – Story. Aber das machte die Geburt nicht weniger emotional, nicht weniger besonders. ***Nicht weniger mein Moment.*** Ich wusste von Anfang an, dass es drauf hinauslaufen würde. Mein Körper hatte schon viel mitgemacht, und ein Kaiserschnitt war die beste und sicherste Entscheidung - für mich und mein Baby. Aber trotzdem: *Ich hatte Respekt.* Als ich im OP lag, war ich nervös. Klar, ich wusste, dass ich in guten Händen war, dass das hier Routine für die Ärzte war – aber für mich? *Für mich war das gerade der Moment, auf den ich so lange gewartet hatte.*

Dann ging alles schnell. Die Ärztinnen bereiteten alles vor, ich spürte den Druck, aber kein Schmerz. Ich hörte die Stimmen um mich herum, aber mein Kopf war nur bei einem Gedanken: *"Gleich ist es so weit."* Und dann - plötzlich - **der erste Schrei!** In diesem Moment war alles andere vergessen. Die Monate im Krankenhaus, die Schmerzen, die Angst – all das wurde unwichtig. *Ich hatte es geschafft!.* Ich kann nicht mal beschreiben, was ich gefühlt habe, als ich mein Baby zum ersten Mal gesehen habe. *Es war einfach alles auf einmal.* Erleichterung, Glück, Stolz, eine Liebe, die ich vorher noch nie gespürt hatte. Mein Baby wurde mir in den Arm gelegt, und ich wusste: *"**Wir haben das ZUSAMMEN geschafft!**".* Es war nicht der Weg, den ich mir ursprünglich vorgestellt hatte. Aber es war **UNSER WEG**. Und es war perfekt so.

Diese Geburt war nicht nur das Ende einer krassen Reise – *es war der Anfang von etwas Wunderschönem.* Ein neues Kapitel. Ein neues Leben. *Unser Leben!* Und dieses Mal wusste ich: *Ich lebe nicht mehr nur zum Überleben - ich lebe, um zu genießen.*

Was die Zeit aus mir gemacht hat

Wenn ich zurückblicke, sehe ich nicht mehr nur die Schmerzen, die Angst, die endlosen Tage im Krankenhaus. Ich sehe nicht mehr nur das Mädchen, das dachte, sie kann nicht mehr.

Ich sehe eine **Kämpferin!**

Diese Zeit hat mich verändert. Sie hat mich stärker gemacht, aber auch sanfter. Sie hat mir gezeigt, dass ich viel mehr aushalten kann, als ich jemals dachte – aber, dass es genauso wichtig ist, sich selbst eine Pause zu gönnen.

Ich bin nicht mehr dieselbe Person, die ich vor dieser Schwangerschaft war. *Und das ist auch gut so.*

° Ich habe gelernt, dass es okay ist, **schwach zu sein** – solange man wieder aufsteht.

° Ich habe verstanden, dass man nicht alles allein schaffen muss – und dass
   die richtigen Menschen in deinem Leben Gold wert sind.

° Ich weiß jetzt, dass das Leben nicht planbar ist. Es reißt dich manchmal komplett aus der
   Bahn, lässt dich stolpern, zwingt dich auf die Knie – **und trotzdem kann am Ende etwas**
   Wunderschönes draus entstehen. Diese Zeit hat mich gelehrt, das Leben mehr
   zu schätzen.

Die kleinen Dinge. Die leisen Momente. Die echten Menschen

Vor allem aber hat mich diese Zeit eines gelehrt: **Das Leben ist ein verdammtes Geschenk!** Ich habe angefangen, die kleinen Dinge zu schätzen. Dinge, die ich früher für selbstverständlich hielt.

- *Ein heißer Kaffee am Morgen.* Ohne Angst, dass er direkt wieder rauskommt.

- *Frische Luft auf der Haut.* Einfach nur draußen sein, ohne dass mein Körper rebelliert.

- *Lachen. Echtes, lautes, aus tiefstem Herzen kommendes Lachen.*

Und das Wertvollste von allem? **DANKBARKEIT!**

Ich bin dankbar - für meine Stärke, für die Menschen, die geblieben sind, für mein Baby, das mich ohne Worte gelehrt hat, was echte Liebe bedeutet. Und ich bin dankbar, dass Gott an meiner Seite war. Ja es war hart. Es war die Schwerste Zeit meines Lebens. Aber aus all dem Schmerz ist etwas gewachsen, das noch viel größer ist: *Ich bin gewachsen.* Ich bin nicht mehr nur die Frau, die durch die Hölle gegangen ist – *Ich bin die Frau, die wieder herausgekommen ist.* Und das macht mich stärker, als ich es mir je hätte vorstellen können.

8

Kapitel 7

Für alle, die kämpfen - Du bist nicht allein.

Für dich!

Wenn du das hier liest und gerade das Gefühl hast, dass alles zu viel ist – *ich sehe dich!* Ich weiß, wie es ist, wenn jeder Tag sich wie ein Kampf anfühlt. Wenn du dich fragst, wie du das noch länger durchhalten sollst. Wenn du denkst, dass niemand wirklich versteht, was du gerade durchmachst. Aber hör zu: **DU BIST NICHT ALLEIN!!!**

Ich weiß, solche Sätze klingen manchmal wie leere Worte, wenn sich dein Leben gerade, wie ein einziger Albtraum anfühlt. Aber glaub mir: *Es gibt Menschen, die fühlen mit dir. Die wissen, wie es ist, sich verloren zu fühlen. Die genau wie du dachten, dass sie das nicht mehr packen – und es trotzdem geschafft haben.* Und auch DU wirst es schaffen. *Ja, echt jetzt!* Ich sage nicht, dass es einfach wird. Ich sage nicht, dass es morgen schon besser ist. Aber ich sage dir: *Egal, wie hart es gerade ist – du bist stärker, als du glaubst.*

Es gibt Tage, an denen du dich einfach nur verkriechen willst. An denen du weinen willst, weil alles unfair ist. **Und das ist okay.** Stark sein bedeutet nicht, immer durchzuhalten, als wäre nichts. Stark sein bedeutet, auch mal zu fallen – aber irgendwann wieder aufzustehen. Also wenn du das hier liest: **HALT DURCH!**. Auch wenn du gerade keinen Funken Hoffnung mehr siehst – sie ist da. Vielleicht ganz klein, vielleicht versteckt, aber sie ist da. Und wenn du das Gefühl hast, du kannst nicht mehr, dann denk dran: **Jeder Tag, den du überstehst, bringt dich näher an den Moment, in dem du zurückblickst und merkst:**

Ich habe es GESCHAFFT!

Du bist nicht allein. Und irgendwann wirst du stolz auf dich sein, weil du genau das überlebt hast, was dich jetzt kaputt macht. **VERSPROCHEN!**

Worte, die ich damals gebraucht hätte

Wenn ich die Zeit zurückdrehen könnte - zu dem Moment, als alles begann, als die Angst und die Verzweiflung mich überwältigten - dann würde ich mir selbst diese Worte sagen. Worte, die ich damals so gebraucht hätte.

- **"Es ist okay, wenn du gerade nicht stark bist."**

Du musst nicht jeden Tag kämpfen, als wäre alles in Ordnung. Es ist okay, müde zu sein. Es ist okay, zu weinen. Es ist okay, wenn du das Gefühl hast, dass du nicht mehr kannst. Stärke bedeutet nicht, dass du unzerbrechlich bist – sie bedeutet, dass du weitermachst, auch wenn du dich schwach fühlst.

- **"Du bist nicht allein."**

Ich weiß, es fühlt sich oft so an. Vielleicht verstehst du selbst nicht, wie du hier gelandet bist, geschweige denn, dass es jemand anderes verstehen könnte. Aber du bist nicht die Einzige. Es gibt Menschen, die genau wissen, wie sich das anfühlt. Und auch wenn du es gerade nicht siehst – du hast Menschen um dich herum, die dich lieben, die dich halten, wenn du nicht mehr kannst.

- **"Es wird besser – auch wenn du es jetzt noch nicht glauben kannst."**

Ich weiß, dass dieser Satz sich manchmal, wie eine Lüge anhört. Ich weiß, dass du dir nicht vorstellen kannst, dass dieses Chaos jemals leichter wird. Aber eines Tages wirst du zurückblicken und merken, dass du es doch geschafft hast. Vielleicht nicht über Nacht. Vielleicht nicht so, wie du es dir vorgestellt hast. Aber du wirst es schaffen. Schritt für Schritt.

- **"Du bist genug."**

Hör auf, dich selbst zu verurteilen. Hör auf, dich zu fragen, ob du es richtig machst, ob du genug bist. *Du bist es. Genauso, wie du bist!* Dein Wert hängt nicht davon ab, wie stark du nach außen wirkst oder wie viel du aushältst. Du bist wertvoll – einfach, weil du DU bist.

· "Du wirst stärker aus dieser Zeit herausgehen"

Ich weiß, es fühlt sich gerade nicht so an. Ich weiß, dass du dich zerbrochen fühlst. Aber irgendwann wirst du merken, dass diese Zeit dich geformt hat. Dass sie dich stärker gemacht hat, selbst wenn du es später erkennen kannst. Und wenn du zurückblickst, wirst du stolz auf dich sein!

Und bis dahin? HALTE DURCH! Auch wenn du es gerade nicht glaubst – *du bist auf dem Weg, das Licht wiederzufinden.*

9

Kapitel 8

Und jetzt?

Was ich aus dieser Zeit mitgenommen habe

Ich hätte nie gedacht, dass eine einzige Erfahrung mich so sehr verändern könnte. Dass Schmerz, Angst und Verzweiflung mich nicht nur brechen, sondern auch neu aufbauen können. Aber genau das ist passiert. Diese Zeit hat mir mehr beigebracht als jede Lektion, die ich je im Leben gelernt habe.

1. Du bist stärker, als du denkst

Ich habe oft gedacht, ich schaffe es nicht. Dass mein Körper aufgibt. Dass meine Seele daran zerbricht. Und doch – hier bin ich. **Ich habe überlebt!** Und nicht nur das: ich habe gekämpft, ich habe durchgehalten, ich habe es geschafft. Heute weiß ich: **Egal was das Leben noch bringt – ich werde einen Weg finden.**

2. Nicht alles muss perfekt sein.

Ich war immer jemand, der gerne die Kontrolle hatte. Pläne gemacht, Abläufe durchdacht. Und dann kam das Leben und hat alles über den Haufen geworfen. **Und ich habe es trotzdem überlebt.** Heute weiß ich: **Es ist okay, wenn nicht alles nach Plan läuft.** Manchmal ist das Chaos der Anfang von etwas Wunderschönem.

3. Rückschläge sind nicht das Ende.

Ich dachte, wenn es mir einmal besser geht, bleibt es auch so. Aber es gab Tage, an denen ich Angst hatte, dass alles wieder von vorne losgeht. Momente, in denen mich die Vergangenheit eingeholt hat. Aber ich habe gelernt: **Rückschläge bedeutet nicht, dass du wieder ganz am Anfang stehst.** Sie sind Teil des Prozesses. Sie zeigen nur, dass Heilung nicht linear ist – und das ist okay. Heute gehe ich anders mit solchen Momenten um. Früher hätte ich mich selbst fertig gemacht, hätte gezweifelt, ob ich wirklich stark genug bin. **Jetzt weiß ich: ICH BIN ES!** Und ich erlaube mir, schlechte Tage zu haben – weil sie nichts daran ändern, wie weit ich schon gekommen bin.

4. Dankbarkeit verändert alles

Ich weiß, es klingt kitschig, aber es ist wahr: **Dankbarkeit verändert, wie du die Welt siehst.** Ich habe so viel verloren in dieser Zeit – aber ich habe auch so viel gewonnen. **Ich bin dankbar für mein Körper,** auch wenn er mich durch die Hölle geschickt hat – weil er mich trotzdem bis hier hergetragen hat. **Ich bin dankbar für Menschen, die geblieben sind,** die mich gehalten haben, als ich selbst keine Kraft mehr hatte. **Ich bin dankbar für die kleinen Dinge,** für Momente, die ich früher als selbstverständlich gesehen hätte: ein heißer Kaffee, ein Lächeln, ein Spaziergang ohne Angst.

Früher habe ich mir immer gesagt: *Wenn das vorbei ist, werde ich glücklich sein.* Heute weiß ich: **Glück ist nicht das Ziel, das irgendwann kommt – es sind die kleinen Dinge, die wir mitten auf dem Weg finden.**

5. Mein Leben gehört mir

Ich habe gelernt, dass ich mein Leben so gestalten kann, wie es mir guttut. Ich verschwende keine Zeit mehr mit Dingen, die mich unglücklich machen, oder mit Menschen, die mir nicht guttun. **Ich entscheide, wie mein Leben aussieht – und das fühlt sich verdammt gut an.**

Ich hätte nie gedacht, dass ich eines Tages zurückblicke und sagen würde: **Diese Zeit hat mich stärker gemacht.** Aber genau das hat sie getan. Und wenn ich heute in den Spiegel schaue, sehe ich nicht mehr nur eine Frau, die durch die Hölle gegangen ist. Ich sehe eine Frau, die wieder aufgestanden ist. Eine Frau, die weiß, was sie wert ist. Eine Frau, die lebt – **nicht mehr nur zum Überleben, sondern um wirklich zu genießen!**

Meine Zukunft – Was kommt jetzt?

Nach all den Kämpfen, nach all dem Schmerz, nach all den Tagen, an denen ich dachte, ich schaffe es nicht – **bin ich hier. Und ich schaue nach vorne!**

Früher hätte ich gesagt: *"Ich will einfach nur, dass alles wieder normal wird."* Aber heute? **Heute will ich mehr als das.** "Ich will nicht einfach nur zurück" - ich will mein Leben bewusst und voller Freude gestalten. **Nicht nur existieren, sondern wirklich leben.**

Meine Träume und Ziele für mich und mein Kind

Ein Leben voller Liebe & Abenteuer für mein Kind

Mein größter Wunsch ist, dass mein Kind in einem Umfeld aufwächst, das von Liebe, Lachen und Geborgenheit erfüllt ist. Ich möchte, dass es weiß: **Egal, was kommt – ich bin immer da.** Ich will ihr die Welt zeigen, gemeinsam Neues entdecken, zusammen wachsen.

Reisen & Erinnerungen sammeln

Ich habe so lange das Gefühl gehabt, eingesperrt zu sein – in meinem Körper, in dieser Krankheit, in all der Angst. Jetzt will ich raus in die Welt. Ich will reisen, Orte sehen, die mich faszinieren, neue Erfahrungen machen.

Mich selbst weiterentwickeln

Ich bin durch so viele Höhen und Tiefen gegangen – und ich habe gelernt, dass ich immer noch wachsen kann. Ich will neue Dinge ausprobieren, meine Grenzen neu definieren. Vielleicht finde ich neue Hobbys, vielleicht entdecke ich Talente, von denen ich nicht wusste, dass ich sie habe.

Das Leben bewusster genießen

Ich will nicht mehr ständig auf das "Nächste" warten. Nicht mehr denken: *"Wenn XY passiert, dann werde ich glücklich sein."* Ich will das Glück **jetzt** finden – in den kleinen Momenten, im Alltag, in den einfachen Dingen, die das Leben so wertvoll machen.

Mein eigenes Tempo gehen

Ich lass mich nicht mehr hetzen. Nicht von Erwartungen, nicht von gesellschaftlichen Normen, nicht von „So sollte es sein'' - Sprüchen. **Mein Leben, meine Regeln.** Ich nehme mir Zeit für das, was mir wichtig ist.

Wie werde ich mein Leben von jetzt an gestalten?

Mit mehr Leichtigkeit.

Ich habe gelernt, dass nicht alles perfekt sein muss. Ich werde mir nicht mehr den Kopf über Dinge zerbrechen, die außerhalb meiner Kontrolle liegen. **Mit mehr Dankbarkeit.** Jeder neue Tag ist ein Geschenk. Ich werde mir immer bewusst machen, wie wertvoll die kleinen Dinge sind.

Mit mehr Selbstliebe.

Ich bin nicht mehr so streng zu mir selbst. Ich erlaube mir Pausen, ich erlaube mir Schwäche, ich erlaube mir, einfach mal ich zu sein.

Mit offenen Armen für alles, was kommt.

Ich weiß nicht, was die Zukunft bringt – aber das ist okay. Ich bin bereit, mich überraschen zu lassen. Denn eins weiß ich jetzt ganz sicher:

Das Beste kommt erst noch!

Ein Brief an alle, die kämpfen - und an mich selbst

An dich, die das hier gerade liest und sich verloren fühlt

Selbst nach der dunkelsten Nacht erhebt sich wieder die Sonne am Horizont. Jeder neue Tag bringt Licht und damit auch neue Hoffnung. Genauso werden auch nach deinen schweren Zeiten wieder hellere Tage auf dich warten. Ein Sonnenaufgang erinnert uns daran, dass keine Nacht ewig währt.

Du bist nicht allein

Liebe Kämpferin, wenn du das hier liest, bist du vielleicht gerade an einem Punkt angekommen, an dem du einfach nicht mehr kannst. Jeder Tag fühlt sich wie ein neuer Kampf an, und du fragst dich, wie lang du das noch durchhältst. Vielleicht fragst du dich auch, warum ausgerechnet du das alles durchmachen musst. Du denkst, du bist mit all dem allein – aber bitte hör mir zu: **Du bist nicht allein!**

Ich weiß, wie es ist, wenn alles aussichtslos erscheint. Wenn du morgens aufwachst und nicht weißt, woher du die Kraft für einen weiteren Tag nehmen sollst. Wenn du in den Spiegel schaust und dich selbst kaum wiedererkennst. Und wenn es scheint, als würde niemand wirklich verstehen, wie müde du innerlich bist. Ich sehe dich, und ich weiß, **wie schwer dieser Kampf ist.**

Stärker als du glaubst

Weißt du was? Du hast es bis hierher geschafft. **Jeder einzelne Tag, den du überlebt hast, ist ein Beweis dafür, dass du stärker bist, als du glaubst.** Auch wenn du dich schwach fühlst und manchmal nicht mehr kannst – du bist noch da. Und allein das ist schon ein riesiger Sieg.

Es wird besser Ich kann dir nicht versprechen, dass ab morgen plötzlich alles leicht sein wird oder dass es keine Rückschläge mehr gibt. Aber eines verspreche ich dir: **Es wird besser - Stück für Stück.**

1. Du wirst wieder Tage erleben, an denen du lächeln kannst – einfach so.

2. Du wirst Momente spüren, in denen die Hoffnung zurückkehrt.

3. Und eines Tages wirst du zurückblicken und stolz erkennen, dass du all das überlebt hast dass du nicht nur überlebt, sondern auch wieder ins Leben zurückgefunden hast. **Sei sanft zu dir selbst.** Vergiss nicht, sanft und nachsichtig mit dir selbst zu sein. Sei nicht so streng mit dir.

- Es ist okay zu fallen.
- Es ist okay müde zu sein.

Doch bitte, bitte gib nicht auf. **Du bist wertvoll. Du bist wichtig.** Und auch wenn du es gerade nicht siehst – du hast eine unglaubliche Stärke in dir.

Halte durch

Halte durch. Dein Sturm wird nicht ewig dauern. Und irgendwann wirst du auf der anderen Seite stehen und stolz auf dich sein. So stolz, wie ich jetzt schon bin. Eines Tages wirst du da sitzen – vielleicht mit deinem Baby im Arm, vielleicht einfach nur in einem ruhigen Moment für dich – und du wirst realisieren, dass du durch die Hölle gegangen bist und trotzdem noch stehst. Dass du nicht nur überlebt hast, sondern dass du wieder lebst. Mit all meiner Kraft und Liebe, für dich. **Du schaffst das.**

An mich selbst – als Erinnerung daran, wie weit ich gekommen bin

Ich erinnere mich an die Tage, an denen ich dachte ich werde sterben. Ich erinnere mich an die Angst, an die Schmerzen, an das Gefühl, im eigenen Körper gefangen zu sein. Ich erinnere mich an die schlaflosen Nächte, an die Momente, an denen ich dachte, dass hier wird mein letzter Tag.

Und jetzt? **Ja ich LEBE ich habe es GESCHAFFT!**

Ich will mir selbst nie wieder einreden, dass ich zu schwach bin. Ich will mir nie wieder vorwerfen, dass ich Momente hatte, in denen ich gezweifelt habe. Denn ich habe nicht nur überlebt – **ich habe mich zurück ins Leben gekämpft.**

Ich will mich daran erinnern, dass ich stärker bin, als ich es mir je zugetraut hätte. Dass ich eine Kämpferin bin – nicht, weil ich nie gefallen bin, sondern weil ich immer wieder aufgestanden bin.

Ich verspreche mir selbst, dass ich mein Leben nicht mehr selbstverständlich nehme. Dass ich die kleinen Momente mehr wertschätze, dass ich das Glück nicht mehr auf später verschiebe. Denn ich weiß jetzt: **Jeder Tag ist ein Geschenk!**. Und an die Frau, die ich heute bin: **Ich bin stolz auf dich! Und ich hoffe, du bist es auch.**